Nina sale en TVTÚ

por Natalie Behar
ilustrado por Nicole Tadgell

HOUGHTON MIFFLIN HARCOURT
School Publishers

Copyright © by Houghton Mifflin Harcourt Publishing Company

All rights reserved. No part of this work may be reproduced or transmitted in any form or by any means, electronic or mechanical, including photocopying or recording, or by any information storage and retrieval system, without the prior written permission of the copyright owner unless such copying is expressly permitted by federal copyright law. Requests for permission to make copies of any part of the work should be addressed to Houghton Mifflin Harcourt School Publishers, Attn: Permissions, 6277 Sea Harbor Drive, Orlando, Florida 32887-6777.

Printed in Mexico

ISBN-10: 0-547-26956-0
ISBN-13: 978-0-547-26956-6

4 5 6 7 8 0908 18 17 16 15 14 13   4500529571

If you have received these materials as examination copies free of charge, Houghton Mifflin Harcourt School Publishers retains title to the materials and they may not be resold. Resale of examination copies is strictly prohibited.

Possession of this publication in print format does not entitle users to convert this publication, or any portion of it, into electronic format.

REPARTO

NINA	SEAN
ABUELA	JAKE
ALEX	TORY
BLAIR SKYLAR	RECEPCIONISTA
MR. FINKS	CAMARÓGRAFO

Primer acto

Sentada en el borde del escenario, NINA *sostiene cuaderno y lápiz. Su abuela mira la televisión en una "habitación" cercana, donde su hermano,* ALEX, *les da brillo a sus zapatos.* NINA *suspira. Se levanta y camina hacia la sala de estar.*

NINA: ¿Abuela?
ABUELA: Sí, cariño.

NINA: Mañana tengo que hacer una presentación en clase sobre lo que quiero hacer cuando sea grande. No sé qué decir. ¿Podrías hacer el favor de ayudarme?

ABUELA *le baja el volumen a la TV.* NINA *se sienta.*

ABUELA: ¿Ya pensaste en algo?

NINA: Sé que quiero hacer investigación y me interesa la comunicación. Algo relacionado con… bueno, con *todo*.

Comienzan las noticias. ALEX *le vuelve a subir al volumen.*

Nina y su abuela piensan en el problema.

Al ver a Blair Skylar, Nina tiene una idea.

BLAIR SKYLAR: *(Fuera de escena)* Y ahora, en TVTÚ, las últimas noticias. El gobierno local aún no decide si…

ABUELA *alcanza el control remoto.*

NINA: *(Fascinada)* ¡Abuela!, ¿qué tal si pudiera ser reportera de TV?

ABUELA: ¿Y por qué no?

NINA *sale de la sala corriendo.*

NINA: Gracias por tu ayuda, abuela.

ABUELA: *(Se ríe.)* De nada.

Segundo acto, escena 1

El escenario es un salón de clase: los estudiantes están sentados en su pupitre; su maestro, Mr. Finks, está de pie frente al grupo. SEAN está frente a la clase.

SEAN: … y, por eso, cuando sea grande, quiero ser dentista y curar a la gente sin dolor. (*Los estudiantes aplauden.*)

MR. FINKS: Nina, te toca a ti.

NINA: *(Pasa al frente.)* Hola, soy Nina Pua. He decidido ser reportera de noticias en la televisión. Y no voy a esperar a que sea grande. He decidido comenzar ahora. Ya me verán dar las noticias en TVTÚ.

JAKE: ¿Y cómo lo harás?

NINA: Voy a ir a pedir trabajo después de la escuela.

Nina le cuenta su idea a la clase.

TORY: Pero tienes doce años. ¿Puedes trabajar antes de cumplir los quince?
NINA: *(Tartamudea.)* Bueno… entonces trabajaré gratis.
MR. FINKS: No importa. Te toca a ti, Jake.

Segundo acto, escena 2
NINA *entra a la recepción de TVTÚ.*
RECEPCIONISTA: ¿Te puedo ayudar?
NINA: Vengo a pedir trabajo.

RECEPCIONISTA: ¿Cuántos años tienes?
Entran BLAIR SKYLAR *y un* CAMARÓGRAFO.
BLAIR SKYLAR: ¿Tengo mensajes, Jackie?
RECEPCIONISTA: No. Esta niña vino a pedir trabajo.
NINA: Hola, soy Nina Pua, quiero ser reportera de televisión.
BLAIR SKYLAR: ¡Qué linda!, ¿no? Pero este trabajo no es para niñas.

Nina quiere trabajar en TVTÚ, pero no la aceptan.

Nina y sus amigos conversan.

Tercer acto

NINA *está sentada en una banca, muy desilusionada. Entran* JAKE, TORY *y* SEAN.

TORY: ¿Qué sucede, Nina?

NINA: *(Con lástima)* Soy muy chica, como me dijeron todos.

SEAN: Odio que la gente crea que los niños no podemos hacer nada.

NINA: Sí, ya sé.

TORY: ¿Y si les *demostramos* que podemos?

SEAN: ¡Haremos nuestro propio noticiario!

JAKE: ¡Mi papá nos prestará su cámara de video!

Los tres estudiantes corren fuera de escena. Cuando vuelven, JAKE *trae la cámara.*

NINA: Lo que necesitamos es una noticia.

TORY: *(Huele algo y mira a lo lejos.)* ¿Qué es eso?

SEAN: ¿En el cielo?

JAKE: ¡Es humo!

NINA: ¡Parece que hay un incendio en la escuela! ¡Vamos! *(Corren al otro lado del escenario.)* Jake, ¡la cámara!

JAKE *toma la cámara a toda prisa.*

TORY: Bueno, ¡vámonos!

humo

Van a encontrar una noticia.

Cuando NINA *comienza a hablar, entran* BLAIR SKYLAR *y el* CAMARÓGRAFO.

NINA: Soy Nina Pua, reportando el incendio desde nuestra escuela. Nubes de humo salen por el ala de ciencias. *(Se escuchan sirenas.)* Ya llegan más bomberos. Es muy temprano para especular sobre las causas del fuego.

Antena parabólica

BLAIR SKYLAR: ¿Llegamos tarde?
CAMARÓGRAFO: ¡No puede ser, otra vez!
JAKE: Nosotros grabamos todo en video.
BLAIR SKYLAR: ¿Y podemos usar su material?
NINA: ¿Nos van a dar crédito?
BLAIR SKYLAR: ¡Desde luego! *(Mira a NINA.)* ¿No eres la niña que vi en TVTÚ? Perdóname por juzgarte mal.

Nina se inicia como reportera.

Pensé que una niña no podría hacer este trabajo. Estaba muy equivocada.

BLAIR SKYLAR: Si no hay clases, vengan a la estación. Voy a recomendarlos para un espacio regular en las noticias.

JAKE, NINA y SEAN: Y si hay clases, vamos *después* de la escuela. ¡Gracias!

Blair Skylar hace un descubrimiento.

Responder

✓ **DESTREZA CLAVE** **Tema** ¿Qué te dicen los pensamientos y las acciones de los personajes sobre el tema de la obra? ¿Qué detalles apoyan tu conclusión? Copia y completa la tabla.

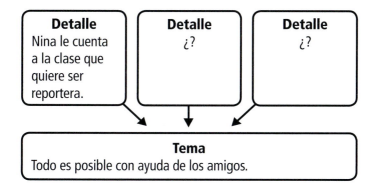

¡A escribir!

El texto y tú ¿Alguna vez te han dicho que no podías hacer algo cuando sí podías hacerlo? Escribe un párrafo sobre alguna ocasión en que alguien pensó que no podías hacer algo. Explica cómo manejaste la situación.

VOCABULARIO CLAVE

ayudar	juzgar mal
con lástima	plan
especular	robo
favor	salvar
inocente	sospechoso

DESTREZA CLAVE **Tema** Analiza las cualidades y los motivos de los personajes para reconocer el tema de la obra.

ESTRATEGIA CLAVE **Evaluar/Analizar** Haz preguntas para analizar y evaluar el significado del texto.

GÉNERO Una **obra de teatro** cuenta una historia a través de las palabras y acciones de sus personajes.